AF331612

AVIS AU PEUPLE

SUR

L'IMPÔT FORCÉ

QUI SE PERCEVOIT

DANS LES HALLES ET MARCHÉS

SUR TOUS LES BLEDS

ET TOUTES LES FARINES.

Tanta molis erat !....
VIRGIL.

1774

AVIS DE L'ÉDITEUR.

La Lettre suivante fut écrite en 1770 par un Auteur assez connu (1) qui n'eut pas la liberté de donner alors à cette plaisanterie toute la publicité qu'elle auroit méritée.

Je saisis un moment favorable pour la procurer aux honnêtes Citoyens qui n'ont pu la lire.

On vient de supprimer les exactions, les gênes, les contraintes accumulées en 1770 sur les Propriétaires, les Laboureurs, les Meûniers, les Boulangers, &, par une conséquence infaillible, sur le pain quotidien du pauvre Peuple.

L'Arrêt solemnel que toute sa

____

(1) M. l'Abbé Baudeau.

France reçoit avec des tranſports de joie, proſcrit formellement l'obligation impoſée par les Ré- glements de 1770, de ne vendre & de n'acheter qu'au Marché.

Le Roi, qui ſe fait un plaiſir & une gloire de nous rendre compte de ſes motifs, aſſure que cette obligation étoit *onéreuſe* à ſes ſujets. Ce petit Ecrit le dé- montre & le calcule.

Il eſt agréable pour l'Auteur d'avoir ainſi juſtifié par avance le premier acte légiſlatif d'une ad- miniſtration paternelle qui doit faire le bonheur de la Nation.

Il a prouvé dans cette Lettre, que les Réglements de l'année 1770, exécutés ponctuellement, feroient un Impôt de plus de ſeize millions par an ſur le pain du Peuple.

LETTRE

*Du Fermier des Droits de Halle & du Marché de la Ville de ***, à son Confrere le Fermier des mêmes Droits à ***.*

1 Novembre 1770.

Vous avez bien raison, mon cher Confrere, de vous féliciter avec moi sur le retour de l'ancienne législation des Marchés, & de bénir ces bons Messieurs les Politiques de Paris de s'être donné tant de peines pour abroger le nouveau système (1) qui nous faisoit tant de tort. Un Arrêt qui sera

---

(1) Ce prétendu *système* étoit la *liberté naturelle & primitive* rendue par la Déclaration de 1763. Mais, à parler de bon sens & de bonne foi, ne sont-ce pas les Réglements, les prohibitions, les contraintes qu'on doit appeller des *systèmes* ? (Toutes ces notes sont de l'Editeur).

A iij

bientôt fuivi d'une loi folemnelle &
générale , fondée fur les mêmes prin-
cipes (1) , nous affure enfin , comme
vous dites , à l'égard des Grains & des
Farines , la jouiffance entiere & per-
pétuelle de tous nos Droits. Mais il
me paroît , par votre Lettre , que vous
n'avez pas conçu tout l'avantage qu'on
nous accorde en rétabliffant les an-
ciens Réglements. J'efpere , dites-vous,
que nous gagnerons quelque chofe à
cette révolution.

Qu'appellez - vous quelque chofe,
mon cher Confrere ? Sachez que c'eft
environ *fix* ou *huit millions* de recette que nous affurent , par leurs
inftances & par leurs foins , ces bons
Meffieurs les Politiques de Paris.

Oui , mon Ami , *fix* ou *huit mil-*
lions chaque année à partager entre
nous autres Fermiers des Droits de
Marchés dans tout le Royaume ! Je
vais vous en faire toucher la preuve au
doigt ; car vous favez que le calcul eft
mon fort.

---

(1) Il y eut en effet des Lettres-Patentes en
Décembre 1770 , qui furent par-tout mifes
rigoureufement à exécution.

Premiérement , mettez-vous bien dans la tête qu'il se vend pour le moins trente millions de septiers de grains de toute espece dans le Royaume pendant l'espace d'une année ; j'entends de septiers, mesure de Paris, qui pesent en froment environ deux cents quarante livres.

Il ne se mange pas trente millions de septiers *qui aient été vendus*. Mais prenez garde, mon cher Confrere , que le même grain est fort souvent vendu & revendu plusieurs fois avant d'être mangé , sur-tout quand on observe exactement la police des Marchés.

Les Fermiers & les Propriétaires Nobles, Ecclésiastiques ou Bourgeois , vendent nécessairement leurs grains aux Marchés de campagne les plus voisins ; parcequ'ils sont obligés de garnir suffisamment ces Marchés en tous les temps ; & que les Juges de Police sont trop zélés pour négliger de les y contraindre (1). Dans les petits Marchés ,

____

(1) A la fin de Juin & au commencement de Juillet 1774 , on a fait courir la Maréchaussée contre les Laboureurs de la Généra-

A iv

le grain eſt très ſouvent acheté par de
petits Blatiers qui vont le revendre
dans les grandes Villes. Souvent en-
core les petits Blatiers ne les revendent
pas à des particuliers conſommateurs,
mais à de gros Marchands qui font la
proviſion de Paris ou des Capitales de
Provinces, celle des Troupes, des Hô-
pitaux, ou à des gens qui font le com-
merce de Farine.

Ces ſeconds acquéreurs vendent une
troiſieme fois, & par ce moyen il y a
beaucoup de grain qui avant d'être
mangé, a fait en bled & farine trois
fois le voyage du Marché.

Donc, mon cher Confrere, quinze
ou dix-huit millions de ſeptiers qui ſe
mangent après avoir été vendus & re-
vendus, forment au total une ſomme
de plus de trente millons de ventes ou
reventes.

Or, quinze ou dix-huit millions de
ſeptiers ne font que la nourriture de

___

lité de Paris, occupés néceſſairement à la ré-
colte de leurs foins, que le temps variable
rendoit fort difficile. On les a forcés, par des
exécutions militaires, à garnir les Marchés
où il n'y avoit preſque point de vrais acheteurs.

sept ou huit millions de personnes dans une année ; car chaque personne mange plus de deux septiers par an, mesure de Paris, l'un portant l'autre; même trois septiers, suivant le *Traité de la Police*, *par Lamarre.*

Croyez-vous maintenant qu'il n'y ait pas dans le Royaume plus de sept ou huit millions de personnes qui achetent leur pain ? Vous savez bien le contraire : Donc les ventes & reventes se montent, comme j'ai dit, dans l'espace d'un an, à plus de trente millions de septiers : premier point.

Ceci posé, mon cher Confrere, il faut considérer que nos Droits à nous tous dans les Provinces, se montent au moins à la cinquantieme partie des ventes que nous prélevons en nature ou en argent sur les Grains exposés dans les Marchés, je sais que les Droits sont fort inégaux, & qu'il y a de nos confreres bien plus avantagés que les autres : les uns ont droit de lever le soixantieme ; d'autres le cinquantieme, d'autres le trentieme, & d'autres moins. Il y a aussi des Villes franches, & où il n'y a au-

A v

cun Droit de Halle & Marché (1) : Vous n'exigez pas sans doute là-dessus un calcul précis ; mais, en combinant les Droits qui se perçoivent dans quantité de Villes que je connois, je ne crois pas exagérer en portant mon évaluation au cinquantieme ou au soixantieme. Donc trente millions de septiers de ventes & reventes nous font exactement plus de cinq cents mille septiers de recette pour les Droits de Halles & Marchés dont nous sommes Fermiers : second point.

Maintenant comptons le septier de toute espece de Grains, mesure de Paris, à douze francs seulement. C'est bien peu ; car le seigle se vend plus de quinze livres ; & le froment plus de vingt dans presque tout le Royaume.

Cinq cents mille septiers & plus à douze livres, n'en font pas moins plus de *six millions de livres tournois*, qui nous reviennent tous les ans, vous voyez que je porte l'estimation au plus bas, & vous pensez bien que je puis

---

(1) A Paris les droits réunis sont souvent de près d'un trentieme.

compter le feptier à dix-huit livres ;
fi vous trouvez donc trop forte l'évaluation générale de nos Droits au foi-
xantieme , réduifez - la d'un tiers ,
mettez - la au quatre - vingtieme , &
le feptier à dix-huit livres , vous re-
trouverez toujours mes *fix millions ou
huit* au moins.

Oui , mon Ami , 250 *mille louis
d'or ,* tel eft le riche préfent que ces
bons Politiques viennent de nous
faire. Il eft jufte & néceffaire que vous
& tous nos Confreres connoiffiez par-
faitement l'étendue du bienfait , afin
d'y proportioner la reconnoiffance.

L'Arrêt & la nouvelle Déclaration
(de 1770) que nous ferons exécuter ,
puifque nous fommes fi richement
payés pour cette attention, empêchent
abfolument toute vente & revente qui
fe feroit hors des Marchés : c'étoit-là le
point capital de ces Meffieurs ; & Dieu
merci , les Officiers de Police de toutes
les Provinces font bien déterminés à y
tenir la main (1).

____

(1) Ils n'y ont pas manqué ; les Huiffiers,

Observez, je vous prie, mon cher Ami, que depuis près de huit ans, tous nos baux sont renouvellés; alors il étoit permis de vendre & d'acheter par-tout hors des Marchés, ce qui étoit le comble du désordre, en conséquence, nous avons plutôt diminué qu'augmenté le prix de nos Fermes. A présent donc que les Politiques Parisiens nous ramenent l'ordre ancien; toutes les ventes & reventes, sans nulle exception, se feront dans les Marchés, & non ailleurs; les Grains & les Farines nous payeront donc une, deux, ou trois fois notre droit à pur profit ou bénéfice pour nous.

Dans le fait, ce n'est pas là une grosse charge pour le Peuple, comme pourroient le dire quelques envieux de notre bonheur; elle se paie insensiblement en nature, & par petites portions.

D'ailleurs, cette charge se partage tout naturellement entre les Fermiers & les Propriétaires, Nobles, Ecclésiasti-

---

les Archers, les Records ont été mis en campagne.

ques ou Bourgeois, vendeurs de grains,
d'une part ; & les Magiſtrats, Bourgeois, Commerçants & Artiſans des
Villes, acheteurs, d'autre part ; per-
ſonne ne s'en apperçoit.

En effet, un Laboureur amene
trente ſeptiers à mon Marché ; j'en
prends *la moitié d'un* pour mon Droit,
comme de raiſon ; il en reſte *vingt neuf
& demi* à vendre : le Fermier les vend
à un Blatier ſur le pied de vingt francs,
ou deux piſtoles le ſeptier ; il fait ſon
compte, & dit : *trente ſeptiers* ne m'ont
produit que *cinq cents quatre-vingt dix
livres* d'argent, ſur quoi il faut déduire
la dépenſe de ma charrette, de mes che-
vaux, de mes hommes qui ſe ſont dé-
tournés de leur ouvrage ; donc, je retire de mon Bled à-peu près *dix-huit
livres dix ſols*, quitte & net, par ſeptier :
il a raiſon ; car il n'en retire que ce
prix, ſur-tout s'il évalue les pertes de
temps, les fauſſes dépenſes (1).

---

(1) Ces faux frais ſont fort ſouvent plus
forts que les Droits du Marché ; ce qui double
pour le moins l'Impôt de huit millions, &
fait monter par an la ſurcharge totale à ſeize
millions ſur le pain.

Le Blatier dit : les *vingt-neuf septiers & demi* m'ont coûté *cinq cents quatre-vingt-dix livres*, il me faut bien quelques piſtoles pour frais & faux-frais, & pour mon profit : il faut donc que je les vende 630 liv.

Mais quand le Blatier va vendre à un ſecond Marché, notre Confrere prend, comme de raiſon, pour Droits de Halle environ *un demi-septier*.

Le ſecond acheteur n'a donc que *vingt-neuf septiers* pour *ſix cents trente livres*. Il dit : Le Bled coûte *vingt une livres le septier*; & il a raiſon; car il lui revient à ce prix.

Si ce ſecond acheteur eſt un Marchand de Bled, ou un Meûnier vendeur de Farine, comme il arrive ſouvent, il faudra une troiſieme revente au Marché, ſoit en grains, ſoit en farines; le troiſieme de nos Confreres prendra ſur les *vingt-neuf septiers* qui reſtent, environ *un demi-septier*, comme de raiſon. De plus, le Marchand ou le Meûnier prendra quelques piſtoles pour ſes frais, faux-frais & bénéfices.

Donc, le troiſieme acheteur qui

mangera le pain , n'aura que *vingt-huit septiers & demi* , & payera environ *six cents cinquante livres* ; il dira donc ; le Bled est à 23 liv. 10 sols, & il aura raison.

Vous voyez, mon Ami, que voilà trois comptes successifs qui font monter de la maniere la plus insensible , le prix du bled depuis *dix huit livres dix sols* qu'en retire à grand'peine le premier vendeur , jusqu'à *vingt-trois livres dix sols* qu'en paie le dernier acheteur. Eh bien ! personne au monde ne s'en apperçoit : on n'en souffle seulement pas.

Si on alloit dire mal-adroitement en bloc , il faut renchérir tout le bled du Royaume d'un *cinquieme* & plus pour le Peuple consommateur des Villes , & en même temps le diminuer d'un *cinquieme* pour les Propriétaires des Campagnes , ou leurs Fermiers vendeurs : c'est là ce qui paroîtroit énorme, tant il est vrai que l'expression & la maniere font tout en France ?

De même, par exemple, si on avoit dit : Imposez *le quart d'un vingtieme* sur tout le Royaume , non pas au pro-

fit du Roi, mais au profit des particuliers qui font Propriétaires ou Fermiers des Droits de Halles & de Marchés ; quels cris épouvantables ne fe
feroient pas élevés contre une pareille
propofition ? Cependant, mon Ami,
il eft très vrai que *le quart d'un vingtieme* impofé à notre profit, ne nous
rapporteroit pas tant que les *huit millions* qui nous font affurés par ces bons
Meffieurs les Politiques de Paris.

Oh, qu'ils connoiffent bien le Peuple, & qu'ils ont grande raifon ! Le prin-
cipal, c'eft que les Marchés foient toujours bien garnis de grains, de farines,
& de refpectables Officiers qui en re-
glent la vente, afin que le Peuple des
Villes ne fe déshabitue pas de croire
que le Peuple de la campagne eft fait
pour lui ; qu'il eft obligé de nourrir les
Villes à bon marché, & que c'eft-là le
point capital du Gouvernement.

Ce n'eft point à nous à examiner &
à fonder les motifs qui ont engagé à rétablir de toutes parts la police des
Grains, qu'un efprit paffager de fyf-
tême, & l'amour de la nouveauté
avoient fupprimée. Des Critiques parti-

fans de cette nouveauté (1) , & qui ne voient dans les meilleures chofes que des inconvénients, ne manqueront pas de dire qu'il eft indifférent pour le confommateur, que le pain qu'il cuit ou qu'il achete chez le Boulanger , ait payé, ou non, les Droits de Halles, qu'il n'en eft pas meilleur , & qu'il en devient plus cher.

Il peut arriver que le pain en foit un peu plus cher ; mais cette légere augmentation (2) n'eft-elle pas bien compenfée par l'agrément de voir les Marchés bien garnis ; par l'avantage de mettre ainfi toute la provifion en évidence , & fous la main des Magiftrats faits pour y veiller , pour empêcher les arrhements & les monopoles (3) ; pour forcer les Propriétaires des grains quels

---

(1) Il pourroit bien fe faire que les Réglements de Police , dont tout le monde fait les dates, fuffent la *nouveauté* , & que l'état primitif de liberté naturelle fût l'*ancienneté*.

(2) De feize millions feulement tous les ans.

(3) En effet, les Réglements de 1770 ont beaucoup empêché le monopole en 71 , 72 , 73 , & partie de 1774.

qu'ils foient, de les exhiber ; pour me-
furer la permiffion des enlevemens
pour les autres Provinces, fur l'appro-
vifionnement dont on eft affuré, pour
diftribuer avec prudence les heures du
Marché aux différents acheteurs, &c.
&c.

Si j'étois auffi verfé dans les queftions
politiques, que dans la perception &
le calcul des Droits de ma Ferme, je
ferois en état de vous découvrir tous
les avantages qui réfultent de cette
fage police (1). Mais ne fuffit-il pas de
confidérer que cette police des Marchés, eft le fruit de la prudence con-
fommée de nos Peres (2), qui ne l'ont
inftituée que par de puiffantes raifons,
& qui s'en font fi bien trouvés ? Ne fuffit il pas de confidérer que nos Magiftrats, après avoir effayé d'abandonner la
route frayée par nos Peres, ont été forcés d'y revenir, & de rétablir le bon or-

-----

(1) Quatre ans d'expérience les ont bien
montrés : on fait à préfent à qui elle eft utile.

(2) Dans les fiecles de régime féodal, d'i-
gnorance, de fuperftition & de barbarie que
tout le monde connoît.

dre qu'un efprit dangereux de nouveauté avoit entrepris de renverfer?

Ne nous amufons donc pas à politi-
quer. La police des Marchés eft bonne
pour nous : cela nous fuffit ; & il faut
bien qu'elle foit également bonne
pour le Peuple, puifque MM. les Juges de Police fe montrent de toutes
parts fi zélés pour la maintenir, & que
le Gouvernement approuve leur zele
par fon filence.

Ne nous oublions pas dans une cir-
conftance fi favorable ; fecondons de
tout notre pouvoir le zele des Magiftrats, & qu'ils puiffent compter fur
notre vigilance. La branche de Finance que nous traitons, a infiniment
plus d'agrément que toutes les autres ;
elle eft pour nous auffi utile qu'hono-
rable. Le Peuple, loin de nous voir
de mauvais œil, comme les autres *Tra-
vailleurs en Finance*, nous regarde comme fes amis & fes défenfeurs : il voit
avec plaifir & reconnoiffance les foins
que nous prenons pour faire arriver
exactement tous les Grains au Marché (1), pour découvrir ceux qui pour-

---

(1) Les bruits populaires à cet égard font

roient être vendus en fraude, pour dé-
pifter tous les marchés fecrets, & dé-
noncer tous les Laboureurs, Propriétaires & Marchands qui tenteroient de
fe fouftraire à cette police fi fage.

Voilà notre miffion, voilà le fervice
que le Public attend de nous. Les Juges
de Police nous regarderont comme les
Miniftres de leurs ordres, & les gens
les plus propres à feconder leurs vues.
Nous ne perdrons pas nos peines. Sa-
chons profiter de la fortune qui fe pré-
fente; redoublons de foins pour faire
exécuter le falutaire Arrêt (de 1770) &
les Loix folemnelles qui le fuivront : &
pour remplir dignement les intentions
de MM. les Juges de Police, veillons
fur tous les Fermiers & Propriétaires de
nos diftricts, fur les Blatiers, Marchands, Meûniers, fur les Boulangers, & fur tous les habitants des Villes, afin qu'aucun d'eux n'ait la har-
dieffe de vendre ou d'acheter un feul
grain de Bled ailleurs que dans nos

____

toujours fufcités par les Traitants, les Mono-
poleurs privilégiés & autres intéreffés qui
paient des clabaudeurs pour tromper le pauvre peuple.

Marchés ; & après avoir , au préalable, acquitté nos Droits. Profitons du zele très ardent de tous MM. les Officiers de Police , auxquels l'habitude de l'administration des détails a donné sur cette partie les vues les plus justes & les plus étendues , & qui sont remplis de bonne volonté (1).

Deux cents cinquante mille louis d'or ! Oui , mon Ami , 250 mille louis d'or seront chaque année la récompense de nos soins ; je vous en souhaite une bonne part : j'espere que la mienne ne sera pas la plus mauvaise.

Je suis , mon cher Confrere ,

Votre très humble Serviteur ***.

---

(1) On n'en peut pas douter. Témoin un certain Subdélégué de * * * *, qui a remis les Archers en campagne contre les Laboureurs , précisément dans ces derniers jours de Septembre , temps des derniers labours & des semailles : c'est pour ces gens là que le Roi a été obligé de dire , dans son Arrêt, » que le » bled ne vient qu'autant qu'on le seme ».

ADDITION

DE L'ÉDITEUR.

A PARIS, les Droits des Officiers Jurés Mesureurs & Porteurs de Grains, joints à ceux de la Ville, & aux faux frais qu'occasionnoit l'obligation de tout porter à la Halle coûtoit, au pain du Peuple, tous les ans, un million quatre cent vingt-cinq mille huit cent quatre-vingt-trois livres.

Ce fait a été démontré par les Boulangers de Paris dans le Mémoire ou Précis qu'ils firent imprimer en 1773 pour un Procès qu'ils avoient contre les mêmes Officiers.

Ce petit Procès dure depuis plus de vingt ans au Châtelet, au Parlement & au Conseil : c'est le sept ou huitieme entre ces Communautés, qui ont déja dépensé chacune cent mille écus au moins en papier marqué.

La suppression de ces Officiers & de leurs droits seroit une bonne œuvre digne de l'amour de LOUIS-AUGUSTE pour sa Capitale, & de la sagesse de son Conseil.

FIN.